DISCOURS

SUR LA

CONCORDANCE DES CÉRÉMONIES

DU Ier DEGRÉ DE LA MAÇONNERIE SYMBOLIQUE

AVEC LA REPRODUCTION DES VÉGÉTAUX;

SUIVI DE

L'Explication du chap. XII, § III, de l'Evangile de Saint-Jean,

ET DES CONSEILS D'UN PÈRE A SON FILS,

Prononcé le 14 janvier 1853, jour de la Fête d'ordre, Saint-Jean d'hiver,

DE LA LOGE LES ZÉLÉS PHILANTHROPES

A l'Or∴ de Vaugirard,

Par le Fr∴ C. RÉCLUZ, Vén∴ de la Loge.

Se Vend **1** franc au profit des pauvres, chez le Vén∴ de la
Loge de Vaugirard.

DISCOURS

DES CÉRÉMONIES DU 1ᵉʳ DEGRÉ DE LA MAÇONNERIE SYMBOLIQUE

AVEC LA REPRODUCTION DES VÉGÉTAUX (1).

Les trois grades de la Maçonnerie symbolique (2), tels qu'ils nous ont été transmis, paraissent être les mêmes que ceux qu'on pratiquait dans l'ancienne Initiation. Ce qu'il y a de certain c'est que les deux premiers semblent en porter le cachet; quant au troisième, quoique revêtu d'un voile hébraïque, on ne saurait se méprendre sur son antiquité et

(1) Mes frères concevront que je ne puis donner ici que la première partie de mon travail sur ce sujet.

(2) Les trois grades qui composent la Maçonnerie symbolique ont reçu les noms d'Apprenti, Compagnon et Maître.

1° APPRENTI vient du mot *apprendre*, et désigne dans le monde celui qu'on place chez un maître pour apprendre un art quelconque, une profession, un métier;

2° COMPAGNON dérive de *panis compane*, c'est-à-dire qui se nourrit du même pain. On trouve en effet, dans les anciens écrits, le compagnon appelé *companis* (*cum* avec *pane* le pain), ouvrier auquel on donnait à manger, parce qu'autrefois les compagnons étaient nourris à la table des maîtres.

3° Le MAÎTRE, dans la Maçonnerie, comme dans tous les arts et métiers, est celui qui, après avoir fait son *apprentissage*, et travaillé ensuite comme *Compagnon*, est admis avec les formes voulues dans le corps. Cette exacte dénomination prouve que ni les *Apprentis* ni les *Compagnons* ne sont vraiment pas membres du corps, mais qu'ils travaillent pour le devenir. (RAGON).

ses rapports avec les deux premiers dont il devient le complément. Pour expliquer ce voile, on dit que Salomon qui se fit initier en Grèce, frappé des avantages qu'offrait à la civilisation l'institution des mystères de Cérès, les établit en Judée ; mais que, pour en marquer l'origine à son peuple, il y apporta les modifications qu'ils ont conservées de nos jours. Dès lors les outils de l'Initiation, qui devaient être dans le principe probablement ceux de l'agriculture, furent transformés en instruments d'architecture dès l'instant où, en présence d'un culte ostensible et né de la même origine, l'Initiation (1) eut besoin, pour perpétuer la pureté de son dogme, de recourir à un voile nouveau. Ce voile, les instituteurs de notre ordre le trouvèrent en supposant l'édification d'un temple allégorique et tout spirituel pour but de l'association. Dès lors ils changèrent les dénominations d'*Initié* et d'*Initiation* en Maçon libre et en Maçonnerie, et les outils, ainsi que les autres instruments propres aux cérémonies , reçurent des noms en rapport avec ceux employés par les maçons de bâtiment, qui devinrent ainsi les symboles et le langage des Initiés modernes. Ceci compris, disons un mot de l'institution des mystères de Cérès et rapportons en même temps l'opinion qu'on s'en est faite, puis nous établirons l'analogie que nous croyons exister entre les cérémonies qu'on y pratiquait, et l'explication que les hyérophantes en donnaient à leurs disciples.

Les mystères (2) qu'on célébrait en grande pompe à Eleusis (3) étaient ceux de *Cérès* (4), considérée comme la

---

(1) L'Initiation est une tradition organisée et conservatrice des sciences secrètes.

(2) Les mystères grecs étaient appelés MUSERIA, *telete*, *orgia*. Le mot mystère semble venir de *muein* (fermer), parce qu'on les célébrait en cachette ; d'où se forment *museria* (silence) et *musés* (initié). Selon d'autres *musterion*, mystère, vient du primitif *mu*, silence ; en sanscrit, *muka*, muet ; en latin, *mutus*. La mue des oiseaux ne dérive de *mutare*, changer, que sous le rapport du *silence* qu'ils observent pendant le renouvellement de leur plumage.

(3) *Eleusis* signifie *retour, arrivée*. En effet, le nom de cette ville, située près d'Athènes, rappelle l'arrivée de Cérès dans cette partie de l'Attique.

(4) Le mot *cérémonie* a une origine initiatique, car il dérive de *cereris*

déesse des moissons. Triptolème qui passe pour les avoir institués est le même auquel on attribue l'enseignement de l'agriculture en Grèce. Voici, en abrégé, ce que l'histoire rapporte de ce héros de l'antiquité.

Triptolème était fils de Célée, chef d'une peuplade sauvage, comme toutes celles qui habitaient la Grèce à cette époque. Le désir de s'instruire conduisit ses pas en Egypte, l'une des contrées les plus civilisées à cette époque. Frappé du respect qu'on avait pour les Initiés aux mystères, de leur mérite, et sentant en outre tous les avantages que l'Initiation procurait à ce peuple. il forma le projet d'acquérir des connaissances aussi utiles à la civilisation. Admis à l'Initiation, la seconde épreuve ébranla son courage; il jeta un cri, et sortit précipitamment du lac de feu dans lequel il était plongé.

Cette circonstance engagea les poètes à feindre que Cérès, voulant le rendre immortel (1), sa mère Métanire le retira des flammes que la déesse lui faisait traverser. Emblème ingénieux des flammes expiatoires au travers desquelles l'Initié devait passer dans la seconde épreuve, et qui devait le conduire à l'immortalité, en le faisant participer aux bienfaits de l'Initiation, dont les effets étaient de rapprocher l'homme de la divinité, et de le rendre immortel comme elle.

Dans cette fable charmante, la crainte de la mort, la faiblesse humaine, est exprimée par Métanire, et opposée à la confiance aveugle, au dévouement entier, à l'obéissance

munia, qui veut dire formalités ou rites des fêtes des Cérès, pendant lesquelles on faisait *avec pompe* des oblations *à la déesse des moissons.*

(1) Selon les Initiés, Cérès institua ces mystères *et en régla elle-même les cérémonies.* La déesse des moissons, ajoutent-ils, avait déjà parcouru une partie du monde ; déjà ses lois bienfaisantes avaient éclairé une portion de l'univers, lorsqu'elle apprit l'enlèvement de sa fille Proserpine. Inquiète, désolée, elle s'élance sur ses traces, dirigeant ses pas incertains à la lueur de deux flambeaux qu'elle avait allumés à la flamme de l'Etna. Elle recommence ses courses, parcourt de nouveau la terre et arrive par hasard dans les plaines d'*Eleusis.* Charmée de l'accueil qu'elle reçut de Célée, roi de cette contrée de l'Attique, elle nourrit de son lait le jeune *Triptolème*, son fils, et se chargea de l'instruction de cet enfant. C'est par lui qu'elle fit aux habitants d'Eleusis les deux plus beaux présents que les dieux puissent accorder aux mortels, *l'art de l'agriculture* et *la connais-*

absolue aux ordres du ciel, représentés sous l'emblème de Cérès.

D'après les lois égyptiennes, Triptolème devait passer sa vie dans les sombres souterrains où il était descendu ; mais ses vertus, ses rares qualités, le besoin d'envoyer un législateur à la Grèce encore barbare, engagèrent les prêtres d'Isis à transgresser une loi qu'on oublia encore en faveur d'Orphée.

Triptolème reçut, avec une partie de la doctrine sacrée, les connaissances les plus étendues sur l'agriculture, art ignoré dans sa patrie, et déjà porté au plus haut degré de splendeur chez le sage et antique Egyptien.

De retour à Eleusis, Triptolème s'empressa de mettre à

sance de la doctrine sacrée (a). On ajoute que, s'attachant chaque jour davantage à son fils d'adoption, elle voulut le rendre immortel. Elle avait préparé l'appareil mystique ; l'enfant était posé sur l'autel, tout-à-coup des flammes l'environnent. Métanire (d'autres l'appellent Méga ou Méjanire), mère de Triptolème, n'écoute que son effroi ; oubliant les leçons de Cérès, elle jette un cri, s'élance, reprend son fils, et l'empêche, par cet excès de tendresse, de jouir des bienfaits dont la déesse allait le combler (b).

(a) Multa eximia divinaque Athenæ tuæ peperisse, atque invita hominum attulisse, tum nihil melius illis mysteriis, quibus agresti immanique vita et culti et mitigati sumus ; initiaque ut appellantur, ita re vera principia vitæ cognoscimus. (*Cicero, De legibus,* I, 2.)

(b) Dio (Cérès) et Proserpine étaient, selon *Banier*, deux femmes mortelles. La première, reine de Sicile, avait rendu son règne recommandable par le soin qu'elle mit d'enseigner l'art de l'agriculture à ses sujets ; elle établit aussi plusieurs lois concernant la police et la propriété des terres, afin que chacun pût recueillir, sans être troublé, le blé qu'il avait semé ; ce qui fit regarder cette reine comme la déesse des blés et de la terre. Le culte du soleil était voilé à Eleusis par la fable de Cérès et de sa fille Proserpine ; la première représentait l'Osiris égyptien, et la seconde son fils Horus ; mais, dans la fable grecque, Cérès symbolisait le soleil passant six mois de l'année sur notre hémisphère, sous le nom de cette déesse au printemps et en été, et prenait le nom de Proserpine pendant les six autres mois de l'année, en automne et hiver. « Du temps du voyageur anglais Chandler, les Grecs avaient encore une si grande vénération pour cette déesse, qu'on disait à Eleusis que, si jamais on enlevait la statue mutilée de Cérès, la plaine cesserait d'être fertile. Toutefois les Anglais emportèrent Cérès en Angleterre, et les champs d'Eleusis n'ont pas cessé d'être fécondés par cette divinité réelle qui appelle tous les hommes à la connaissance de ses mystères, sans craindre d'être détrônée,

» Qui donne aux fleurs leur aimable peinture,
» Qui fait naître et mûrir les fruits,
» Et leur dispense avec mesure
» Et la chaleur du jour et la fraîcheur des nuits. »
CHATEAUBRIANT, *Itinéraire.*

profit les leçons de ses sages instituteurs. Il rassembla ses sauvages compatriotes et leur enseigna l'art de l'agriculture. Il sema d'orge le champ de Rharia ; bientôt les belles plaines d'Éleusis se couvrirent d'une riante verdure et des moissons abondantes s'élevèrent dans ces lieux où croissaient naguère l'herbe inutile et la ronce du désert.

Triptolème 1) ajouta un nouveau présent à ce premier bienfait ; il jeta les fondements du temple d'Éleusis et partagea avec quelques-uns de ses sujets les connaissances qu'il avait acquises chez les prêtres égyptiens. Imbu des principes de ses maîtres, il en éloigna la multitude, en les environnant d'épreuves, et en couvrant la lumière du voile imposant de l'Initiation.

On ajoute que quelque temps après l'établissement des mystères, Eumolpe, amenant de Samotrace des secours aux Éleusiens, alors en guerre avec les Athéniens, transporta dans l'Attique le culte des Cabyres et l'adapta à celui de Cérès.

Pendant longtemps les habitants d'Éleusis furent les seuls possesseurs du temple et des mystères de Cérès et de Proserpine. Soumise par Erechtée (2), roi d'Athènes, cette

(1) L'établissement des mystères a fait dire aux poètes que Triptolème *était un des juges de l'enfer.*
On verra constamment, chez les anciens, les enfers devenir le symbole de l'Initiation :

    Inferos autem subire est sacra celebrare Proserpinæ.
Servius ad Æneid., l. VI.

La descente aux enfers, d'Hercule et d'Énée, ne signifie pas autre chose ; on s'en convaincra en relisant le 6ᵉ chant de l'Enéide. On retrouve dans ce sublime morceau jusqu'à la formule initiatoire : *Procul, ô procul este profani.*

(2) On dit que la Grèce, livrée aux horreurs de la famine à la suite d'une longue sécheresse, reçut des blés de l'Egypte qui, cette année, avait fait une récolte abondante. Erechtée fut chargé d'amener ce secours. Les Athéniens, remplis de reconnaissance, le proclamèrent roi. Il établit, à Éleusis, en faveur de ses sujets, les mystères de sa patrie. (*Diod. de Sicile*, liv. 5.)
Cependant c'est à Triptolème qu'on en doit l'institution. Les Athéniens lui consacrèrent des statues et des temples ; ils lui élevèrent un autel à l'aire sacrée, sur laquelle on prétendait qu'il avait foulé les grains. On voit sur des monuments ce héros ayant le pied sur un dragon, et menant une charrue attelée de deux bœufs. On le représente aussi tenant des épis de blé ou des pavots, debout sur un char traîné par des dragons. Enfin, on le reconnaît à côté de Cérès qui lui tient la main.

petite nation se confondit avec les vainqueurs, sous la condition expresse que les mystères seraient toujours célébrés dans son territoire, et le sacerdoce conservé dans la famille d'Eumolpe, roi d'Eleusis. Depuis cette époque, les rites éleusiens appartinrent exclusivement au peuple de Minerve.

Les mystères de Cérès, qu'on entoura constamment de l'appareil le plus éclatant, furent les plus célèbres de l'antiquité. Ils survécurent à tous les autres : les Dactyles, les Curètes, les prêtres d'Adonis, des Cabyres, ceux d'Egypte même, virent anéantir le culte secret de leurs divinités. Les mystères d'Eleusis, chaque jour plus brillants, régnèrent longtemps sur la Grèce et le monde entier. Il était réservé à l'impitoyable Théodose, au bourreau des Thessaloniciens de renverser cet antique monument de la sagesse humaine. Il fit fermer et par suite détruire les temples de l'Initiation, et anéantit par là l'exercice des mystères dans toute l'étendue de son empire (1).

Le culte des mystères grecs différait de celui des Egyptiens, en ce qu'ils adoraient en public les éléments et les puissances de la nature; mais il n'en était pas de même dans les derniers degrés de l'Initiation. En effet, chacun sait que les anciens avaient deux religions bien distinctes.

L'une, publique, brillante de pompe et de majesté, mais surchargée de pratiques minutieuses, de fables incohérentes, de contradictions continuelles; elle était destinée à la multitude que son défaut d'instruction faisait trouver suffisante.

L'autre, secrète, environnée de barrières presque insurmontables, renfermait dans son sein mystérieux les grands principes de la morale et de la philosophie. Née au même instant que le culte public, elle avait conservé la pureté, la simplicité primitive, que la religion du peuple avait per-

(1) Ils ne furent entièrement détruits qu'en l'an 396 de notre ère. Ils ne purent ensuite être propagés que par tradition, et sous le sceau du plus grand secret : c'est ainsi qu'ils sont parvenus jusqu'à nous. Selon Chateaubriant, l'extinction des mystères de Cérès serait due à Alaric, roi des Goths.

due par des altérations insensibles, mais toujours renaissantes.

Possesseurs des secrets de la nature, les hyérophantes (1) dévoilaient aux élus seuls ses mystères éternels. Ces nombreuses divinités qui surchargeaient les religions antiques disparaissaient devant leurs savantes investigations, et reprenaient dans le système de l'univers la place qu'elles avaient d'abord occupée. C'est ainsi que leur Jupiter, fils du Temps et père de Minerve, ou de la Sagesse, n'était pour les prêtres de l'Initiation que *l'air* le plus pur, le principe universel de la nature. Leur Cybèle était considérée par eux comme le représentant de l'élément la *terre*, où tout naît, meurt et se reproduit. Leur Pluton, ainsi que leur Vulcain, symbolisait le *feu éternel*, qu'ils désignaient aussi par les noms d'Apollon, d'Hercule, de Bacchus, d'Osiris, etc. Enfin, leur Neptune symbolisait *l'eau*, ce quatrième élément philosophique (2).

Il ne faut pas s'étonner de la suprématie qu'ils donnaient à l'air sur les trois autres éléments ; le rôle qu'il joue dans l'acte de la respiration, l'un des plus essentiels à la vie, les avait tellement frappés, qu'ils lui accordèrent un rang marqué sur tous les autres. Aussi définissaient-ils l'air le pain de la vie (*pabulum vitæ*), sans faire attention que tous les éléments sont liés dans cet acte. Que seraient les corps sans l'action de la *chaleur* ? leur température descendue à

(1) Ce nom, *hyérophante*, signifie : *celui qui dévoile les choses secrètes de l'Initiation.*

(2) La philosophie grecque paraît avoir été établie 1974 ans avant notre ère. L'histoire générale assure que Saturne en fut le fondateur ; il la consigna dans sa législation en Thessalie. Son administration fut si paternelle qu'on appela son siècle l'âge d'or. La fable qui le représente comme dévorant ses enfants aussitôt après leur naissance, renferme une pensée philosophique. Saturne représente le temps qui produit et détruit tout au fur et à mesure de ses productions. Cette allégorie justifie l'idée dominante de beaucoup de philosophes qui soutiennent que tout n'est que production et anéantissement successif dans la nature. La philosophie des mystères grecs, qui furent fondés plus de six siècles après Saturne, avait beaucoup d'analogie avec celle des peuples anciens. Elle n'était qu'un système de physique, qu'un tableau des opérations de la nature, enveloppé d'allégories mystérieuses et de symboles énigmatiques, que les prêtres expliquaient aux Initiés. (VASSAL.)

l'état de glace ferait tout périr ; de même, sans l'*eau*, tout
sécherait, et, la *terre* de moins, l'homme, les animaux et
les plantes ne pourraient subsister. On voit par là que cette
suprématie n'était qu'apparente. La théorie de ces éléments
devenait entre leurs mains le texte de savantes instructions.
Ils s'en servaient pour expliquer les opérations de la nature : la génération universelle, la naissance, la vie, la
mort et la reproduction continuelle de tous les êtres ; opérations par lesquelles, dans tous les instants et dans tous
les règnes, les corps se détruisent pour se reproduire sans
cesse. Dieu, l'homme et le monde étaient encore les sujets
de leurs méditations et la fin des connaissances qu'on re-
cueillait dans les mystères sacrés. Tels étaient les emblèmes
qu'ils employaient pour cacher aux yeux des petits Initiés
cette science sacrée qu'ils ne découvraient dans les grands
mystères qu'aux seuls élus de leur choix.

Nous devons dire que, parmi les opinions émises sur la
doctrine professée par les hyérophantes d'Eleusis, il en est
une qui semble mériter quelque attention par rapport au
but que nous nous proposons d'atteindre. Elle concorde
avec celle de Court de Gébelin, qui ne voyait dans l'Initiation aux mystères de Cérès, qu'une instruction, qu'un cours
d'agriculture.

D'un autre côté, Pluche, dans son *Histoire du ciel*, dit :
« Que les Romains qui voyageaient en Grèce, ne trouvant
qu'incertitude et obscurité dans les idées et les disputes des
philosophes sur la nature des dieux, ne manquaient pas de
se faire initier aux mystères de Cérès, de Lemnos ou de
Samothrace, espérant que dans cette partie des initiations,
qu'on appelait *la vue claire*, on leur apprendrait enfin ce
que c'était que ces dieux, dont le nombre, les fonctions et
la conduite les scandalisaient. Mais ils étaient fort surpris,
dit-il, au sortir des mystères, de n'avoir rien appris sur la
nature de ces dieux, et de voir le sens des figures qu'on
leur présentait, réduit *aux simples règles du labourage encore informe.* »

Si cela étonnait ces Romains, cela ne doit pas surpren-
dre ceux qui savent que le 1er degré, qu'on donnait dans le

temple de Cérès situé près de l'Ilissus et non à Eleusis, n'était qu'une simple préparation, qui avait pour but de connaître la moralité des récipiendaires, le but de leur curiosité, le fonds qu'on pouvait faire sur eux et ce qu'on devait en attendre pour la suite des mystères (1).

APULÉE montre ce que les prêtres de l'Initiation savaient faire en pareille circonstance, lorsque arrivé à Rome, il eut, dit-il, un rêve dans lequel on lui conseillait de se faire initier une deuxième et puis dans une autre, une troisième fois, et qu'ayant été consulter les prêtres de la *bonne déesse*, il lui fut répondu qu'il devait suivre ces inspirations.

C'est une manière détournée dont il se sert pour dire que ces mêmes prêtres l'avaient jugé digne de recevoir tous les secrets de l'Initiation (2).

Ce que Pluche dit ici des règles du labourage encore informe, se rapportait sans doute à l'instruction primitive donnée par les Égyptiens à Triptolème et à une explication de la germination du grain semé en terre; explication qui devait concorder avec les épreuves du 1er degré.

Ces allégories de Cérès et de Triptolème, ce triomphe de l'agriculture célébré dans des fêtes pleines de pompe, cette opinion du voyageur romain nous ont suggéré la pensée de rechercher quels rapports pouvaient exister entre les travaux agricoles combinés avec la théorie des quatre éléments et les trois grades symboliques, qui sont incontestablement d'origine grecque. Les analogies frappantes que nous avons rencontrées nous ont paru assez curieuses pour les soumettre à votre appréciation.

Toutefois nous n'avons pas l'intention de faire ici un

____

(1) Si la cérémonie des petits mystères se faisait près d'Agra, au pied du mont Hymette, c'était dans le fameux temple d'Eleusis que se célébraient ces fêtes et ces mystères si longtemps révérés. C'était là, qu'entouré de ce que la religion peut présenter de plus auguste, et au milieu des prestiges les plus éclatants que l'hyérophante faisait entendre sa voix. Interprète de la nature, sa main bienfaisante faisait tomber pour toujours ce voile grossier qui couvrait les yeux de l'Initié.

(2) Quelques Franc-Maçons assurent que les mystères grecs d'Eleusis n'avaient que deux degrés, ce que nous rapportons d'Apulée prouve incontestablement le contraire.

cours d'agriculture, cet art se trouvant traité longuement aujourd'hui dans des ouvrages spéciaux. Nous n'avons pas non plus la prétention de donner une théorie complète de physiologie et d'organographie végétales, mais seulement de parler des rapports qui nous paraissent exister entre nos cérémonies et les phénomènes qui se produisent dans l'acte de la germination, l'organisation de la plante et sa reproduction.

Nous ne traiterons ici que du premier point, les deux autres concordant avec le 2ᵉ et le 3ᵉ degrés de la Maçonnerie symbolique ne doivent pas nous occuper aujourd'hui.

DU 1ᵉʳ DEGRÉ. — (*Grade d'Apprenti.*)

Nous avons dit que les trois degrés de la Maçonnerie étaient d'origine ancienne et qu'ils paraissaient être les mêmes que ceux pratiqués dans les mystères de Cérès, sauf les modifications apportées en passant de la Grèce en Judée, puis dans nos contrées. L'explication que nous allons donner du premier de ces degrés, et les rapprochements que nous allons présenter, démontreront par leur concordance les analogies qui en ressortent.

Vous savez tous que le *candidat* proposé à l'Initiation n'est reçu à passer aux épreuves qu'après qu'on s'est assuré qu'il possède les conditions d'admissibilité. Ces préliminaires peuvent être comparés aux démarches relatives au choix de la graine.

Le *candidat* est admis à recevoir le 1ᵉʳ degré, — la graine est jugée de bon aloi.

Le *récipiendaire*, dès son arrivée, est placé dans la chambre de réflexion : on sait que dans l'Initiation ancienne, comme dans la moderne, cette partie de la Loge qui est un caveau, représente les souterrains du collége d'Initiation, et symbolise la première épreuve, *celle de la terre.* — Il en est de même pour la graine, car, dès que la terre est préparée on y jette la semence, pour qu'elle subisse les conditions nécessaires à la germination et par suite y puiser les sucs nourriciers nécessaires à son accroissement.

Dès que le *récipiendaire* est dans la chambre des réflexions, il y est employé à quelques opérations préliminaires, tel que faire son testament, ou préparation à la mort ; la graine aussi, dès qu'elle est en terre, commence à subir l'influence des éléments, en s'humectant ; et ce commencement de ramollissement est la première préparation qui précède l'anéantissement de ses principes constituants, afin de donner une nouvelle vie au germe.

Le voyage que le *récipiendaire* est tenu ensuite de faire autour de la chambre des réflexions, pour prendre connaissance des inscriptions placées dans le caveau, qui lui indiquent, en quelque sorte, ce qu'il doit craindre et espérer ; se rapportent, pour la graine, aux agents ou éléments philosophiques des anciens, *eau et air*, qui seuls, ne sont pas suffisants pour opérer la décomposition des principes constituants de la graine et par suite faire dégager le germe, si le concours de la *chaleur*, autre agent, ne venait à son aide.

Voilà donc les bons et les mauvais principes des anciens en présence. La guerre est déclarée, disaient nos maîtres : le germe mourra-t-il, sera-t-il rendu à nos vœux ! Telle était aussi l'appréhension qui se manifestait également dans l'explication astronomique.

Le bandeau avec lequel on couvre la vue du récipiendaire, avant de l'amener en loge, lui est ainsi placé pour éviter toute indiscrétion qui pourrait compromettre le succès du but qu'on se propose dans cette cérémonie. — Ce bandeau, pour la semence, symbolise la couche de terre dont on recouvre la graine pour la préserver de la sécheresse, du froid, et la mettre encore à l'abri de tout autre accident.

Le genou et le pied droits mis à nu, le soulier en sandale, et qui symbolisent la parole que Dieu adressa à Moïse sur le mont Sinaï (1), de même qu'ils sont l'emblème du

(1) « Ote tes sandales, car le lieu que tu foules est saint. »

premier état de nature que nos mœurs ne nous permettent pas de pousser plus loin, sont pour la graine l'emblème du travail de la radicule qui, la première, reçoit le mouvement, et se dégage du corps de la graine.

Le bras gauche et le sein gauche mis à découvert qui, pour le récipiendaire, signifient qu'il doit vouer son cœur et son bras à ses frères, figurent pour la graine le travail que va exécuter la gemmule, dès que la vie lui sera donnée.

Les trois coups que frappe le conducteur du récipiendaire à la porte du temple et qui symbolisent les trois paroles de l'Evangile : *Cherchez et vous trouverez, demandez et vous recevrez, frappez et il vous sera ouvert*, marquent, pour la graine, l'instant où les éléments philosophiques commencent à fonctionner, c'est-à-dire à faire réagir les principes constituants du grain et produire le tumulte de la fermentation intérieure.

Les trois voyages exécutés en loge symbolisent les trois mois d'hiver, temps pendant lequel le récipiendaire est exposé à la fureur des ouragans, à la pluie et aux flammes, purifications qui, avec celle de la chambre des réflexions, constituent encore les épreuves par les quatre éléments : *terre, air, eau* et *feu*. Pour la graine, ils symbolisent le travail de la nature, le temps pendant lequel elle reste en terre et y subit l'action de l'eau, de l'air et de la chaleur, nécessaire à l'élaboration des sucs propres à donner le mouvement à la gemmule, dès que le cotylédon a opéré son travail particulier. En effet, le premier voyage simule l'action de l'eau, le deuxième celle de l'air et le troisième le concours que leur prête le calorique latent, dont l'électricité hâte la germination. Dans le premier, le tumulte marque le combat des éléments contre les principes constituants de la graine, combat dont le résultat est la victoire remportée par les mauvais principes, car alors la forme de la graine est anéantie ; la pellicule, ou robe qui enveloppe le grain se détache du corps de la semence, la fécule et le gluten, principes constituants et nutritifs de la graine n'existent plus, leurs éléments sont transformés en produits nouveaux, gomme et sucre, qui avec l'eau absorbée, constituent maintenant un liquide laiteux, ou un aliment tout préparé pour nourrir le germe, tant que la semence restera dans le sein de la terre qui est la mère de la plantule qu'elle va produire.

Le deuxième voyage simule le travail de la *radicule* Celleci, aussitôt que le lait nourricier est formé dans le cotylédon ou mamelle végétale, reçoit le premier signe de vie; son premier mouvement, son impulsion, est de se courber vers le centre de la terre, d'y plonger verticalement, de se ramifier et enfin d'émettre ces bouches appelées *spongioles* dont l'effet est d'aspirer l'aliment prochain qui devra nourrir la jeune plante.

Enfin le troisième voyage annonce le mouvement de la *gemmule* ou *plumule* qui, à son tour, va se diriger et s'élever vers le ciel.

Mais là ne s'arrête point l'action de ces agents de la nature; ennemis d'abord en apparence, ils se sont réconciliés dès l'instant où le germe a reçu l'impulsion et que le génie du bien a triomphé de celui du mal, car, de même que le récipiendaire a à subir encore d'autres épreuves, la plantule n'a pas terminé les siennes.

Effectivement le récipiendaire est encore soumis aux épreuves de l'immersion du sang et du sceau, dont on marquait autrefois l'Initié, comme une victime offerte à la nature universelle. De même, cette nature fait subir à la plantule, à mesure qu'elle végète, trois opérations indispensables à son organisation. Ces opérations sont : la formation 1° du *tissu cellulaire ou vésiculaire*, 2° *du tissu ligneux ou bois* et 3° *du tissu vasculaire ou des vaisseaux*, organes sans lesquels la plante ne saurait affronter la lumière, tout comme les trois dernières épreuves initiatiques étaient autrefois et sont encore le complément du premier degré.

Avant de continuer nous devons dire que, dans le rite ancien, l'aspirant aux mystères de l'Initiation voyageait dans les souterrains et non dans le temple, ce qui rend l'analogie bien plus sensible (1).

____

(1) A la fin de la course première, alors qu'il était en présence des trois

Ainsi l'aspirant, comme la graine, passait tout le temps nécessaire aux épreuves, correspondant aux trois mois d'hiver, dans les souterrains de l'initiation. Ces épreuves qu'il y subissait faisaient non-seulement travailler ses membres comme son esprit; car, étant toutes pénibles et dangereuses, elles ne devaient pas laisser que d'exciter son imagination et faire travailler son intelligence. C'est ce travail relatif qui a lieu non-seulement pour la *radicule* (jeune racine) et pour la *gemmule* (tige naissante); mais encore pour les premiers tissus qui constituent son organisation.

Dès que toutes ces épreuves sont accomplies, le voile tombe des yeux du récipiendaire et il aperçoit enfin cette lumière vive et pure, après laquelle il soupirait tant; lumière qui éclaire nos travaux et qui indique en même temps à l'aspirant, l'instant où l'astre du jour étant arrivé à l'équinoxe du printemps, lui annonce une saison nouvelle, celle où la nature réveillée de son long engourdissement va produire bientôt des fleurs et des fruits qui seront l'espoir de tout ce qui respire.

De même, dès que le travail de la première organisation s'est opéré, la terre, ayant suffisamment couvé son fils, va procéder à son enfantement; car nous arrivons à ce mois si bien nommé *germinal*, autrement dit au 21 mars. Alors la jeune plante ayant préparé ses premiers organes, a hâte aussi de venir prendre place dans ce temple auguste de la nature d'où elle était sortie autrefois à l'état de graine pour revenir dans le sein de la mère commune des mortels! Les trois coups étant frappés par le vénérable, elle répond aussi à l'appel en renversant, sur le côté, la couche de terre qui lui dérobait la lumière, et, se redressant, elle vient à son

officiers à casque de loup, qu'on a comparés au cerbère à trois têtes, de même que les souterrains aux épreuves l'ont été, à l'enfer. Le récipiendaire trouvait au-dessus d'une porte l'inscription suivante qu'on lui faisait lire à haute voix :

« Quiconque aura fait ces voyages (le précédent et les suivants) sans contrainte, sera purifié par *le feu, l'eau et l'air*, et, ayant pu vaincre la frayeur de la mort, et son âme étant préparée à recevoir la lumière, il aura droit de sortir du sein de la terre et d'être admis à la révélation des grands mystères. »

tour, rendre hommage au créateur de toute chose, à celui à qui elle va devoir une nouvelle vie.

Ajoutons ici, pour ne rien oublier que, pendant tout le temps que le récipiendaire exécute la tâche qui lui est imposée pour obtenir le premier degré, un frère expert ne cesse de l'accompagner, afin de le préserver des accidents qui pourraient se rencontrer dans sa route. Aussi lui est-il recommandé d'amener le récipiendaire sain et sauf jusqu'à l'autel de la consécration.

Pendant tout le temps aussi que le germe met à se développer, la nature, en mère prévoyante, place à son côté une sorte de surveillant qui lui sert de nourrice et de compagne pour accomplir également sa tâche sans encombre. Ce surveillant est ce qu'on nomme en terme technique le *cotylédon* des plantes dites *monocotylédones*, telles que le froment, seigle, orge, riz, etc., dont le lait nourrit et fortifie la jeune plante, pendant toute la durée de la germination. Dès que la plante a percé la couche de terre qui la retenait prisonnière et qu'elle est consacrée à la lumière, le cotylédon, cessant ses fonctions, se fane et délaisse la plante, comme l'expert quitte le récipiendaire, aussitôt qu'il est proclamé enfant de la lumière.

Lorsque l'Apprenti vient de recevoir la lumière, il apperçoit à l'orient le *delta sacré* rayonnant de clarté. S'il consulte alors la sphère céleste il verra la *constellation du triangle* monter à l'orient vers le soleil, le premier jour du printemps qui est celui où le bandeau est tombé de ses yeux.

C'est aussi cette constellation qui éclaire la nuit la jeune plante et qui présage au laboureur la fin des malheurs auxquels la nature est condamnée pendant l'hiver. C'est le signal du bonheur qui va renaître sur la terre; car la nature va sortir de son long engourdissement et produire de nouveau.

Telles sont les analogies incontestables que l'on peut établir entre les cérémonies préparatoires à l'obtention du grade d'App∴ Maçon et le travail de la nature dans l'acte de la germination des céréales, base de la nourriture des hommes, et qui méritait bien certainement, à cause de sa grande utilité, que les sages de l'antiquité en fissent le texte de l'explication philosophique de leurs mystères.

C'est ce premier travail de la nature imprimant le mouvement et la vie au germe, en le dégageant des liens qui le tenaient emprisonné, pour l'amener au milieu des éléments gazeux, qui a donné lieu à ces fables ingénieuses, inventées par les Initiés de la Grèce, pour cacher au vulgaire les secrets de la nature. Ils se servaient aussi de ce voile pour exciter l'imagination des plus sagaces et les porter à expliquer ces sortes d'énigmes, alors qu'ils recevaient les premiers degrés de l'Initiation.

Ce travail de la nature avait été composé, par eux, ainsi que nous l'avons dit plus haut, à un combat entre la vie et la mort, entre le bon et le mauvais principe, entre le génie du mal qui tenait le germe, emprisonné, dans le sein de la terre, et le génie du bien ou la chaleur, dont la puissance le dégage des fers qui l'enchaînaient, dans les lieux inférieurs pour l'amener dans les lieux supérieurs, libre, alors de toute entrave.

Dans ce cas le génie du bien, victorieux, a été comparé à Orphée qui, par les sons harmonieux de sa lyre, parvient à endormir le terrible chien aux trois têtes et, débarrassé du farouche Cerbère, à ramener sa chère Eurydice. C'est encore Cérès qui, après avoir vainement parcouru la terre à la recherche de sa fille Proserpine, apprend enfin qu'elle habite le royaume de Pluton et obtient de Jupiter qu'elle passera six mois de l'année dans les enfers (la terre) et les six autres à la surface de la terre (l'air), image de la graine ensemencée en octobre, germée en mars et qui mûrit son épi en août et quelquefois en septembre, dans les climats froids.

Enfin, la terre considérée comme la mère de la semence qu'elle nourrit, et celle-ci comme son fils, a donné lieu à ce mythe que Phèdre avait eu un commerce incestueux avec Hippolyte, fils de Thésée, son mari, etc.

L'explication que nous venons de donner de la germination peut servir encore à dévoiler le mystère que cache cette parabole de saint Jean dans son Évangile, chap. XII, § 3, n° 24, où le patron de notre ordre s'écrie :

Oui je vous le dis et je vous en assure : si le grain de froment ne meurt après qu'on l'a mis en terre, il demeure stérile ; mais quand il est mort il porte beaucoup de fruits.

Ce que saint Jean appelle ici la mort du grain, n'a rapport qu'avec l'épuisement de cette partie de la graine des céréales qui enveloppe le grain de toute part, et qui dans la graine du haricot, de l'amandier et autres dicotylédonées, se trouve entre les deux lobes de ces semences, du côté du bout où ceux-ci sont attachés.

En effet, le grain mis en terre ne peut produire, s'il n'y rencontre des conditions nécessaires à la germination et qui consistent dans un sol convenable, l'eau et l'air suffisants et une certaine température ; c'est-dire les quatre élémens philosophiques des anciens. Dès que ces conditions sont obtenues, il s'établit une réaction entre les principes nutritifs contenus dans le corps du grain. Par cette réaction la fécule et le gluten perdent leurs propriétés physiques, et, à leur place, on trouve un liquide laiteux formé d'eau, de gomme et de sucre, analogue au lait de la femme, propre à alimenter le germe, le dégager de l'étroite prison dans lequel il était renfermé, jusqu'à ce qu'il soit parvenu à la surface de la terre. C'est ce premier développement du germe qui constitue la germination. Plus tard un accroissement complet donne lieu aux fleurs et aux fruits.

Cette transformation des principes constituants en un suc nutritif, est donc une condition essentielle, indispensable et absolue, puisque sans elle le germe ne pourrait recevoir son alimentation, et par suite le mouvement nécessaire à son évolution complète.

Les anciens qui n'avaient qu'une teinture fort obscure des réactions chimiques, nommaient putréfaction les changements produits dans l'enveloppe du germe et croyaient que cet état amenait la mort de la graine : c'était une erreur. Ce qui meurt dans le grain, c'est le corps de la graine où cotylédon, qui enveloppe le germe comme un étui, par l'épuisement qu'y opère la gemmule pour s'accroître et parvenir à la surface de la terre. A cette époque on voit, à la base de la jeune tige, l'enveloppe cotylédonaire épuisée et réduite à une simple pellicule. Ce n'est donc pas une mort totale, mais partielle, de la graine nécessaire à l'accroissement du germe, puisque celui-ci en profite pour le développer, produire ensuite une tige, des feuilles, des fleurs et de nouvelles graines.

Par contre, si les conditions indispensables à la germination n'existent point, aucune réaction favorable n'a lieu; partant point de lait nourricier, et par conséquent point de germination. Dès lors le grain est improductif ou stérile, selon l'expression de saint Jean.

Bien que l'étude de la nature soit le thème donné sans cesse par la Maçonnerie à ses enfants pour développer leurs facultés intellectuelles, il en est malheureusement très peu qui sachent lire dans ce grand livre. C'est ce qui m'a obligé à des redites qui rendent ce discours déjà trop long; mais elles m'ont paru nécessaires en faveur de nos jeunes frères.

Telle est, mes frères, l'explication du passage extrait de l'Evangile de saint Jean, passage qui n'est qu'un résumé de la théorie ci-dessus, applicable, comme nous l'avons vu, au premier degré symbolique. C'était sans doute cette explication qui faisait le texte de la leçon donnée par les prêtres des mystères de Cérès à leurs récipiendaires dans le temple situé au pied du mont Hymète; leçon qu'ils développaient dans les degrés supérieurs à ceux qui leur paraissaient les plus intelligents, et enfin, qu'ils faisaient concorder avec la marche apparente du soleil, autour de la terre, selon le système astronomique de Ptolémée, le seul connu alors.

Si je vous ai entretenus de ce paragraphe de l'Evangile de saint Jean, c'est que les Franc-Maçons instruits admettent généralement que les apôtres de notre religion étaient des Initiés; qu'ils puisaient dans la nature, à l'exemple des anciens hyérophantes, le thème de l'instruction qu'ils dispensaient à leurs disciples. Ce que nous venons de rapporter en est une preuve; mais ils cachaient le sens de ses mystères, sous un voile en quelque sorte énigmatique, décoré du titre de parabole.

Enfin, mes frères, je joins à ce discours une pièce de vers, propre à vous servir de règle de conduite.

H∴ H∴ H∴

CONSEILS D'UN PÈRE A SON FILS.

Crains d'un lâche repos la fatigue accablante,
Préfère à la mollesse une vie agissante ;
A trente ans tu diras, des plaisirs détrompé,
L'homme le plus heureux est le plus occupé.
Tout travaille et se meut, dans la nature entière,
Le plus petit insecte agit dans la poussière.
Vois cette eau qui croupit, l'air en est infecté ;
Admire la fraîcheur et la limpidité
De cette onde qui court par des routes fleuries,
Fécondant nos vergers, embaumant nos prairies.
Le temps est un éclair pour le mortel actif,
Le temps avec lourdeur pèse sur l'homme oisif.
Mais quel que soit l'état où ton penchant t'appelle,
Que la probité soit ta compagne fidèle.
La réputation est aisée à flétrir :
C'est un cristal poli qu'un souffle peut ternir.
Sans être misanthrope, aime la solitude ;
Fais-y du cœur humain la difficile étude ;
Que Larochefoucault, La Bruyère et Charron,
T'apprennent à sonder cet abîme profond.
Dans ses déguisements l'amour-propre est subtil,
Celui qui n'a qu'un œil se montre de profil.
Au choix de tes amis sois donc lent et sévère,
Examine longtemps, la méprise est amère.
Sous un vil intérêt ne sois point abattu,
L'argent le cède à l'or, et l'or à la vertu.
Que le destin te soit ou propice ou sévère,
De quelque infortuné soulage la misère ;

Tu le pourras, mon fils ; si tu naquis sans biens,
Apprends l'art d'être utile avec peu de moyens.
Hélas ! ce malheureux qu'on fuit, qu'on appréhende,
Plaignons-le, c'est souvent tout ce qu'il nous demande.
D'une oreille attentive écoute ses revers,
Il aime à raconter les maux qu'il a soufferts.
Si ton cœur ne palpite au récit de ses peines,
Puisse bientôt ton sang se tarir dans tes veines.
Ce souhait est celui d'une ardente amitié,
Il vaut mieux n'être pas, que d'être sans pitié.
Qu'un orgueil dangereux n'aille pas t'abuser,
Il n'est point d'ennemi qu'on doive mépriser.
Si le ciel t'a doué d'un rayon de génie,
Un jour tu sentiras l'aiguillon de l'envie ;
Au mérite, au succès, toujours son fiel se joint,
Travaille à l'exciter, mais ne l'irrite point.
Si tu veux désarmer sa vengeance funeste,
Oppose à sa furie un air humble et modeste ;
Ainsi que la pudeur de son doux incarnat
Colorant une belle augmente son éclat,
La modestie ajoute au talent qu'on renomme,
Le pare et l'embellit : c'est la pudeur de l'homme ;
La modestie enchante et l'amour-propre aigrit,
C'est par le cœur qu'on plait, bien plus que par l'esprit.

9 782329 628936